Armin Burckhardt

Über den Lothringer Reimpsalter

Armin Burckhardt

Über den Lothringer Reimpsalter

ISBN/EAN: 9783337817947

Hergestellt in Europa, USA, Kanada, Australien, Japan

Cover: Foto ©ninafisch / pixelio.de

Weitere Bücher finden Sie auf **www.hansebooks.com**

Ueber den

Lothringer Reimpsalter.

Inaugural-Dissertation

verfasst und

der philosophischen Facultät

der

vereinigten Friedrichs - Universität Halle - Wittenberg

zur

Erlangung der Doctorwürde

vorgelegt

von

Armin Burckhardt

aus Hildburghausen.

Halle a/S.
1890.

Meinen lieben Eltern

als

Zeichen der Dankbarkeit

gewidmet.

In seiner Ausgabe des Oxforder Psalters vom Jahre 1860 lässt Francisque Michel als Anhang einen Psalter in kurzen Reimpaaren folgen, dem eine Handschrift der Pariser Nationalbibliothek — fonds français 13092 — zu Grunde liegt. Eine andre Handschrift, die ebenfalls einen gereimten altfranzösischen Psalter enthält und sich in der Wiener Hofbibliothek — 2665 (Hohendorf VIII) — befindet, wird von Paul Meyer erwähnt (Bibl. de l'école des chartes. 1861. 5. Ser. vol. 2. p. 544). Eine Vergleichung beider Handschriften, die Mussafia anstellt (Sitzungsber. der philos. hist. Classe der Kaiserl. Akad. der Wissensch. Bd. 40. Wien 1862) hat ergeben, dass keine von der andern direkt abgeschrieben ist. Die fehlenden Verse in der von Michel unverändert abgedruckten Handschrift und die übrigen zahlreichen Mängel, die der Nachlässigkeit des oder vielmehr der Schreiber — denn Michel nimmt mehr als einen an (cf. Einleit. zu s. Ausg.) — zuzuschreiben sind, hat Mussafia (a. a. O.) auf Grund der Wiener Handschrift ergänzen und berichtigen können, wenn auch manches einer Berichtigung bedürfende noch übrig bleibt.

Eine dritte Handschrift, die den Reimpsalter enthält, befindet sich zu Paris in der Bibliothek de Sainte-Géneviève unter Af 4 und wird von Samuel Berger erwähnt in seinem Buche „La bible française au moyen-âge." S. 201. In diesem Abschnitt äussert sich Berger über den gereimten Psalter folgendermassen: „Ce psautier en vers forme famille avec les psautiers en prose; il a sa place parfaitement marqué au milieu d'eux. On peut affirmer qu'il a été composé, non pas exclusivement sur le latin, mais sur un psautier en prose, dérivé du psautier de Montébourg."

G. Paris setzt diesen Psalter in das 12. Jahrhundert und nimmt als wesentliche Vorlage den Oxforder Psalter an („une traduction des Psaumes en vers a pour base essentielle la version en prose, contenue dans le psautier d'Oxford." La littérature française au moyen-âge. p. 159.)

Die Aufgabe der vorliegenden Arbeit ist, genauer zu untersuchen, in welchem Verhältnis der Reimpsalter zu den altfranzösischen Prosaübersetzungen der Psalmen stehe. Zu diesem Zwecke stelle ich dem gereimten Psalter (R) den Text der Vulgata (V), den des Oxforder (O) und des Lothringer (L) Psalters gegenüber und führe der Reihenfolge und der Verszählung des lateinischen Textes folgend, zuerst diejenigen Stellen an, die eine Annäherung des gereimten Textes an den Oxforder Psalter zeigen (R=O), sodann die, welche auf eine Beziehung des Reimpsalters zu dem Lothringer (R=L) hinweisen.

Den Lothringer Psalter (nach der Ausgabe von Fr. Bonnardot: Le psautier de Metz, édition critique publiée d'après quatre manuscrits. Paris 1884, und zwar nach der als laufender Text gedruckten Handschrift, die auch dem Lothringer Psalter von Apfelstedt zu Grunde liegt und sich in der Bibliothèque Mazarine unter Nro. 798 befindet) habe ich deswegen zur Vergleichung herangezogen, weil der Reimpsalter die Eigentümlichkeiten des Lothringer Dialektes zeigt und ausserdem, wenn auch nur gerüchtweise, aus dem Kloster Moyenmoutier (Abbatia vivorum ordinis S. Benedicti, in diœcesi S. Deodati apud Lotharingos. Michel, Einleit. zu seiner Ausgabe, S. XXI, anm. 21) stammen soll. An den betreffenden Stellen treten in Text R die von Mussafia a. a. O. auf Grund der Wiener Handschrift (W) gegebenen Berichtigungen und Ergänzungen ein.

Psalm I.

R=O

v. 3 : V lignum   L li boins arbres   O le fust   R li fust
       V defluet   L chairait   O decurrat   R decorrai.

v. 5 : V resurgunt   L resusciteront   O resurdent   R resorderait.

R=L

v. 1 : V non   O ne   L ne-mie   R ne-mie
       V sedit   O sist   L s'est assis   R s'asist

V pestilentiæ O de pestilence L de pestilence et mauvistieit
R de pestilence et mal n'i fist.

v. 2 : V meditabitur O purpenserat L pancerait R pancerait
V die ac nocte O par jurn et par nuit L nuit et jour R nuit
et jor.

v. 4 : V non sic impii O nient eissi li felun L non mie ainsi serait
il des mauvais R enci n'iert-il pas des felons ne des mauvais.

v. 5 : V ideo non resurgunt O empurice ne resurdent L pour ceu
ne resusciteront mie R por ce ne resorderait mie.

In *resorderait* von R haben wir, was das Tempus anbetrifft,
Übereinstimmung mit L, was das Wort anbetrifft, so können wir
ebensogut eine Übereinstimmung mit O als mit V annehmen; und
so lassen sich viele Stellen in R ebenso auf O als auf V zurück-
führen, da ja O Wort für Wort dem lateinischen Texte folgt;
solchen Stellen füge ich, um ihre verschieden aufzufassende Beziehung anzudeuten, am Schluss noch ein (VR) bei.

Am Schluss von Ps. I finden sich in R als Zusatz die beiden
Verse :

Glore soit à Pere et à Fil
Et si soit à Saint Esperit. Amen!

Dieselben Verse finden sich noch am Schluss der Psalme 5,
17, 20.

Psalm II.

R=O

v. 3 : V jugum L subjection et dure servitude O juh R geu (VR).

v. 4 : V irridebit L monquerait O escharnirat R eschernirait.

v. 9 : V tanquam vas figuli L comme un pot de terre O cume le
vaisel del potier R comme le vaissel au potier.

R=L

v. 5 : V conturbabit O conturberat L troublerait R troblerait.

v. 8 : V postula O requer L demande R demande.

v. 9 : V virga ferrea O verge ferrine L verge de fer R verge de fer.

v. 11 : V in timore cum tremore O en crieme oth tremblur L en
paour en tremblant R en paour en tremour.

Für *crieme* und *crendre* in O findet sich in L und R fast
immer *paour*, *doublance* und *doter*.

v. 12 : V irascatur O se curuist L se courressoisse *contre vous*
R n'ait *enver vous.*

Psalm III.
R=0
v. 5 : V exaudivit L il escouterait et oyrait O il oit R ais oï (VR).
R=L
v. 2 : quid O a quei L pour quoi R porcoi.
v. 3 : V multi dicunt animæ meæ O mult dient a la meie aneme
L maint et plusour vont disant a mon arme R plusors
vont m'arme disant.
v. 8 : V contrivisti O tu as atriblet L tu ais brisiet et con-
froissieit R brisies.

Psalm IV.
R=0
v. 10 : V constituisti L tu ais mis et appoieit O tu establis
R ais etablis.

Psalm V.
R=0
v. 6 : V malignus L mauvais O malignes R malignes (VR)
V injusti L li pervers et nonjustes O torceunier R torcenier.
v. 7 : V iniquitatem L iniquiteit O felunie R felonnie.
v. 9 : V conspectu L face O esgardement R esgardement.

Die Worte *torcenier* (subst. *tricheor*) und *felunie* (adj. *felon*)
finden sich nie in L; R hat bald die Lesart von O, wie hier, bald
die von L.

R=L
v. 5 : V tibi O a tei L devant ti R devant toi.
v. 7 . V operantur O œvrent L euvrent et font R font.
v. 9 : V in conspectu tuo dirige O el tuen esgardement drece
L devant tai face adresse R devant ton esgardement
adresse.

Vers 3 des lat. Textes: Intende voci orationis meæ, **Rex**
meus et **Deus meus** fehlt in R und W.

Psalm VI.
R=0
v. 11 : V velociter L hastivement O ignellement R isnellement.

Psalm VII.

R=O

v. 12 : V patiens L patiens O suffranz R soffranz.

v. 13 : V vibravit L il ait brandit O crollerat R crolerait.

R=L

v. 4 : V si est iniquitas O si est felunie L se il ait nulle iniquiteit R si ait nulz meffait.

v. 5 : V retribuentibus mihi mala O guerredunanz a mei males
choses L a ceulz qui mal m'ont fait R a ceus qui mal
me firent.

v. 10 : V consumetur O consumede soit L serait destruite
R destrute serait.

Als eine direkte Benutzung des lat. Textes kann man an-
sehen, wenn *psallam* von V v. 18 von R durch *psalmoier* wiedergegeben wird, während O und L *canterai* und *chanterai* setzen.

Psalm VIII.

R=O

v. 2 : V in universa terra L per toute terre O en tute terre
R en toute terre (VR)

V magnificentia L gloire et magnificence O grandece
R grandesse.

R=L

v 8 : V oves O oeiles L berbis R berbix.

Psalm IX.

R=O

v. 8 : V permanet L durrait O parmaint R parmaint (VR).

v. 12 : V inter gentes L a toutes gens O entre les gens R entre
les gens (VR).

v. 16 : V absconderunt L elles ont tendut O il repunstrent
R il repunrent.

v. 18 : V convertantur L soient convertis O seient turnet
R soient torneis.

v. 2a : V superbit L s'orguillit O s'enorguilist R s'enorguillist
V in consiliis L en mauvistieiz O es cunseilz R en lor
consoil (VR).

v. 5a : V auferuntur L sunt osteiz O sont toleiz R sont tolu.

v. 8a : V sedet in insidiis L il sieit jus O il siet en aguaiz R siet agoitant

V interficiat L il puit mettre a mort O il ociet R ocient

V insidiatur L il espie O aguaitet R agaite.

v. 9a : V inclinabit se et cadet L li court sus O enclinerat sei et carrat R enclinerait soi et chairait (VR).

R=L

v. 11 : V sperent O espeirent L aient fience et esperance R aient esperance et fiance.

v. 15 : V filiæ O de la fille L des filles R des filles.

v. 1a : V in opportunitatibus O en cuvenabletez L au besoing R a nos besoing.

v. 2a : V dum O dementres que L quant R quant.

v. 5a : V benedicitur O est beneit L est benis et honoreiz R est honoreis et beneis.

v. 10a : V ne videat in finem O que il ne veiet en fin L jamais ne lou vorrait plus voir R Diex ja de cen riens ne verrait.

v. 14a : V derelictus est O deguerpit est L est laissieit R est laissies.

v. 15a : V contere O detrible L brise R brise.

v. 18a : V judicare (mit imperat. Bedeutung) O jugier L fai jugement et justice R desraniez et jugiez.

In dem letzten Verse können wir insofern eine Übereinstimmung zwischen L und R annehmen, als beide Texte richtig den Imperativ setzen, während O das *judicare* von V entweder als eigentlichen Infinitiv auffasst oder die imperat. Bedeutung fälschlich durch jugier wiedergiebt, da im Altfranzösischen ein positiver Infinitiv nicht für einen Imperativ eintreten kann.

Psalm X.

R=O

v. 2 : V sagittent L traire et trespercieir O il saietent R saiter (VR).

v. 3 : V perfecisti L il avoit perfait O tu parfesis R tu parfeis (VR).

v. 7 : V spiritus L vent O espiriz R espris (VR).

Psalm XI.

R=L

v. 6 : V ponam O je poserai L je les meterai R les metrai.

Psalm XII.

R=L

v. 2 : V oblivisceris, avertis O oblies-tu, deturnes-tu L oblierais-tu,
destournerais-tu R oblierais, tordrais.

v. 4 : V ne obdormiam O que je ne dorme L que je ne m'endorme
R qu'il ne m'andorme.

v. 5 : V si motus fuero O si je serai esmoüt L quant il me
verront meuz et troubleiz R se il me voient trabuchies.

Psalm XIII.

R=O

v. 3 : V infelicitas L meschange O maleurtet R maleurteis.

Ein Beispiel für die Freiheiten, die sich der Verfasser von
R dem Original gegenüber gestattet, bietet v. 6 :

V quoniam dominus in generatione est: consilium inopis con-
fudistis : quoniam dominus spes ejus est.

R   il ont la povre gent despite
por cen que Dieus en aus habite.

Psalm XIV.

R=L

v. 5 : V dedit O dunat L il ait presteit R preste.

Psalm XV.

R=L

v. 5 : V restitues O restabliras L renderais et restituerais
R renderais et donrais.

v. 6 : V funes O funels L mes cordes R ma corde.

v. 7 : V increpuerunt O cruissirent L m'ont chastieit R m'ont
blames et chozei.

v. 8 : V commovear O je seie commoüt L je soie meüs R metis soie.

Den Worten: *et exultavit lingua mea* in V v. 9 würde in R
entsprechen: *et ma langue essalcians*, während die vorhandenen
Worte: *et ma langue qui est taisans* das Gegenteil von V ausdrücken.

v. 10 : V nec dabis, sanctum tuum videre corruptionem O ne tu
dumras le tun saint veeir corruptiun; durch die wörtliche
Übersetzung des lateinischen Textes ist der Text von
O unverständlich geworden; der Sinn wird richtig wiedergegeben von den beiden andern Texten : L ne soufferas
mie a ton saint veoir et sentir corruption R ne lairais
en ton saint veoir corruption et mal avoir.

Psalm XVI.

R=O

v. 11 : V projicientes L despitant et getant fuer de lour compeignie
degetant R degetant.

v. 14 : V de absonditis tuis L de tes secreiz et mysteires reponus
O des tues repostailes R de tes repostailles.

R=L

v. 2 : V prodeat O eisset L vieingne R vaigne.

v. 3 : V non est inventa O nen est truvee L n'ais trouveit
R n'ais troveit.

v. 8 : V protege me O cuevre-mei L me deffen R me deffant.

v. 13 : V proveni eum O devancis-lui L va li an devant R vien
li devant.

Psalm XVII.

R=O

v. 3 : V firmanentum L forteresse O firmamenz R fermament(VR).

v. 4 : V salvus ero L je serais wardeit et warantis de tous mes
anemins O salf serai R sauf serai (VR).

v. 9 : V ascendit in ira ejus L de son ire et de son corrouz est
issue O muntat en la sue ire R en s'ire montait

v. 23 : V repuli L j'ai mis arrieir O debutai R de moi fut debutee.

v. 37 : V vestigia L plantes O traces R trasse.

v. 49 : V exaltabis L releverais O exalceras R assauceras (VR).

v. 50 : V psalmum L chanson O psalme R psalme (VR).

v. 51 : V semini L a ligniee O a semence R a semence (VR).

R—L

v. 4 : V laudans invocabo O loanz envucherai L en loant
j'appelerai R en loant j'appellerai.

v. 10 : V caligo O chalim L tenebres et obscurteit R oscurtei.

v. 13 : V grando O gresille L grelle R grelle
V fulgore O la resplendur L clarteit et resplendissour
R la clertei.

v. 14 : V intonuit O entunat L ait toneit R tonnait.

v. 16 : V increpatione O encrepement L chastiement et correction
R chaistiement.

v. 22 : V prævenerunt O devancirent L sont avancieit R avancerent
V retribuet O guerredurrat L m'a rendut R randeis.

v. 31 : V humiliabis O humilieras L abaisserais et humilierais
R abaiterais.

v. 42 : V clamaverunt O il crierent L il ont clameit secours
et ayde R appelerent en aïe.

v. 50 : V confitebor O regehirai L confesserais je et loerais
R loerais.

Eine verderbte Stelle haben wir in R v. 12: *sicom langue qui
demie ist*; verständlicher und dem lat. Texte entsprechender
wäre: *sicom l'aigue qui de nue ist.*

Psalm XVIII.
R=O

v. 11 : V desiderabilia super aurum et lapidem L que font plus
a desirrieir et ameir que nul or et piere O desirables
sour or et pierre R sor or sor pierre desirrable (VR).

v. 12 : V custodit L garderait O guardet R garde (VR).

R=L

v. 3 : V eructat O forsmet R dit et reveile R dit.

v. 9 : V lucidum O luisable L luisant et cler R clers.

v. 11 : V dulciora super met et favum O plus dulz sur miel et
ree L plus doulz que nul miel R plus doulz que mielz.

V v. 8 fehlt in R und W.

Psalm XIX.
R=L

v. 5 : V tribuat tibi O duinst a tei L et de weille ottroier
te doinst et otroit.

v. 7 : V exaudiat O exoiet L il escouterait R orait.

v. 11 : V hi in curribus et hi in equis O icist en curres et icist en chavals L ceux icis en chevaulz se fient R li un s'afient es chevauz, et li autre en charres roianz.

Psalm XX.
R=L
v. 2 : V lactabitur O esleecerat L averait joie et liesce R se leecerait, grant joie aurait.

v. 7 : V cum vultu tuo O ot tun vult L devant ta faice R devant ton vult.

In R v. 9 ist für *truissent* wohl besser *truisse* zu setzen.

Psalm XXI
R=O
v. 7 : V abjectio L despitieit O degetement R degetemens

v. 15 : V tanquam cera liguescens L com cyre qui est fondue O cum cire remetanz R remet comme sire.

v. 19 : V miserunt sortem L ont les los O sort mistrent R mistrent sort (VR).

v. 30 : V cadent L s'enclineront et s'engenoileront O charrunt R chairont (VR).
R=L
v. 10 : V ab huberibus O des mameles L des mon enfence R de m'anfance.

v. 13 : V tauri pingues me obsederunt O cras tor pursistrent mei L grais torelz m'ont assigieit R crais torel m'ont asegie.

v. 16 : V aruit O asseccat L est sechiee R est sechie.

v. 18 : V denumeraverunt O denumbrereut L ont conteit et nombreit R conterent.

v. 19 : V vestimenta O vestemenz L robes et vestiment R robe.

v. 20 : V ne elongaveris O ne esluigneras L ne aloingieir mies R ne eslongies mie.

Psalm XXII.
R=O
v. 2 : V me collocavit L m'eut mis et assis O mei aluat R m'a aloe.

R=L

v. 4 : V etsi ambulavero   O ja seit ce que je irai   L se je vois
et trespasse   R se je aloie.

Psalm XXIII.
R=O

v. 2 : V præparavit   L ait mis et ordeneit   O apareilat   R aparillait.
R=L

v. 4 : V in dolo   O en tricherie   L en baret   R en bairait.

v. 5 : V accipiet   O receverat   L penrait   R panrait.

Die beiden letzten Verse in R sind äusserst matt und trocken
gegenüber dem poetischen Schwung und der Fülle in V.

Psalm XXIV.
R=O

v. 2 : V irrideant   L ne se moquient mies   O escharnissent
R eschernissent.

v. 9 : V mites   L doulz et paisibles   O suefs   R soeif.
R=L

v. 13 : V in bonis   O en bone chose   L en biens   R en bien.

v. 15 : V evellet   O aracherat   L deliverrait et osterait   R osterait·

v. 16 : V unicus et pauper   O uniel et povre   L uns poures homs
R povres.

v. 21 : V quia   O car   L pour ceu que   R pour ceu que.

Psalm XXV.
R=O

v. 4 : V non introibo   L je ne me suis mies bouteiz   O nen
enterrai   R n'anterai.

v. 5 : V sedebo   L jai m'assegerai   O serrai   R serrai (VR).

v. 10 : V muneribus   L dons   O luers   R loier.

v. 11 : V ingressus sum   L je suis alleiz avant   O sui entre
R j'entrai.

Psalm XXVI.
R=L

v. 1 : V trepidabo   O tremblerai-je   L averais je paour   R doi-je
avoir paour.

v. 4 : V petii O requis L j'ai demandeit R demandee ai.

v. 5 : V tabernaculo O tabernacle L tabernaicle et maison R mason.

In R v. 11 wird *li ai sa crenee* in *li ai sacrefiee* (V : immolavi) zu verbessern sein.

Psalm XXVII.
R=O

v. 5 : V retributionem L paiement O guerredun R guerandon.

v. 7 : V confitebor L confesserai O regehirai R regehirai.

confiteri in V wird in O und R fast durchweg mit regehir, in L stets mit *confesser* wiedergegeben.

R=L

v. 3 : V ne tradas O ne livrer tu L ne mies R ne mes.

R v. 7 ist nur eine Wiederholung von v. 6 in besserer Fassung.

Psalm XXVIII.
R=O

v. 10 : V sedebit L se sieit O serrat R serait (VR).

In R v. 3 ist statt *tornei tonnei* zu setzen, entsprechend dem *intonuit* von V.

V v. 7 und v. 8 fehlen in R und W.

Psalm XXIX.
R=O

v. 3 : V sanasti L tu ais wairit O tu sanas R tu as sane (VR)

v. 8 : V præstitisti L tu ais presteit O donais R donais.

R=L

v. 10 : V utilitas O utilitet L profit R profit.

v. 11 : V audivit O oït L m'ait oyt R m'oït.

Psalm XXX.
R=O

v. 7 : V observantes L qui ensuent et font O guardanz R qui gardent.

v. 11 : V in gemitibus O en gemissemenz L en dolour et en gemissement R en dolour.

v. 21 : V abscondes O repunderas L reponrais et warderais R garderais.

Psalm XXXI.

R=O

v. 9 : V in chamo L en brides O en chevestre R en chevetre.

R=L

v. 2 : V nec est O nen est L ne n'ait R ne n'ait.

v. 6 : V in tempore opportuno O en teus covenable L quant lieux et temps serait R caut tems en serait.

v. 10 : V multa O mult L maint et plusours R pluxours.

Psalm XXXII.

R=O

v. 1 : V decet L apertient et affiert O cuvient R convient.

v. 2 : V in cithara L en cythoiles O en harpe R en harpe.

v. 20 : V sustinet L attent O sustient R soustient (VR).

R=L

v. 3 : V in vociferatione O en vociferatiun L a haute voix R a haute voix.

v. 9 : V et facta sunt et creata sunt O et faiz sunt e criet sunt L et toutes choses sunt faites, et toutes choses sont creeits R tout fu forme, tout fou cree.

v. 12 : V beata gens O beneuree la gent L benoite et bieneuree est celle gent R cele gent est beneuree.

Psalm XXXIII.

R=L

v. 13 : V qui vult vitam O chi vult vie L qui welt vivre et avoir vie bonne et longe R qui vuelt avoir longue vie.

v. 14 : V prohibe O deviede L warde et deffen R deffent.

v. 21 : V non conteretur O ne serat cuntriblet L ne serait folleiz ne brisieiz R ne n'ieit brisiez ne malmis.

v. 23 : V servorum suorum O de ses sers L de ses sains R des sains.

Psalm XXXIV.

R=O

v. 5 : V coarctans L messe a destroit O cunstreignant R constraigne.

v. 7 : V absconderunt L il ont quaichieit et tendut O repunstrent R repunstrent.

v. 8: V cadat L soit pris O chede R chiet (VR).

v. 18: V in populo gravi L en puebles ferme et estauble O en grief pople R en grief pueble (VR).

v. 22: V ne sileas L ne t'en weille plus soffrir O ne taisir R ne te taisir.

R=L

v. 2: V in adjutorium mihi O en adjutorie a mei L pour mi deffendre et aidieir R pour moi aidier.

v. 11: V surgentes O li esdreceanz L leveiz se sont R levoient.

v. 12: V retribuebant mala, sterilitatem O regueredunowent mals, barainetet L il rendoient mal, faisoit breheigne et seche R mal rendirent, toute breheigne firent.

v. 16: V nec compuncti O et nient compunt L ne se sont repentiz R ne se repentirent.

v. 26: V erubescant O vergundissent L aient honte R aient honte.

Psalm XXXV.
R=O
v. 9: V ubertate L aboudance O plentet R plantei.
R=L
v. 9: V torrente O del ewe L dou ruissel R dou ruissel.
v. 11: V prætende O devant tent L estent R estent.

Psalm XXXVI.
R=L
v. 3: V et pasceris in divitiis ejus O et seras pout es sues richesses L et te rempli et norri des biens et de ses delices R si seras peus et norris en richesses et en delis.

v. 8: V desine O cesse de L laisse R laisse.

v. 13: V prospicit O purguardet L voit R voit.

v. 21: V mutuabitur, solvet O acrerrat, solderat L enprunterait, paierait R emprantera, paiera.

v. 24: V collidetur O serat esgenet L serait blecieiz et affolleiz R se blecera.

v. 25: V et non vidi O et ne vi L et onques ne vis R n'onques ne vi.

v. 28: V in æternum O en parmanablete L a tous jours R a tous jours.

v. 29: V in sæculum sæculi O en siecle a siecle L a tout jour R a tous jours.

v. 33: V non derelinquet O ne deguerpira L ne laisserait mies R ne mie guerpira ne ne laissera.

v. 34: V ut hereditate capias O que tu par erite prenges L pour avoir en heritaige R en heritei averas.

Psalm XXXVII.

R=O

v. 7: V miserefactus sum et curvatus sum L je sus meschanz, touz tronches, humilieiz et abatus O chaitif sui faiz et encurvez sui R chaitis suis fais et tous curves.

R=L

v. 8: V lumbi O lumble L reins R rains.

v. 18: V supergaudeant mihi O suresjoent a mei L joie aient sur mi R aient joie sor mi.

In R v. 3 wird für *jors* richtiger *os* (V *ossibus*) zu setzen sein.

Psalm XXXVIII.

R=O

v. 7: V frustra L pour niant O en vain R en vain.

v. 12: V corripuisti L ais corrigieit O tu castias R chastioies-tu.

R=L

v. 5: V notum mihi fac O cuneude fai a mei L fai moi cognostre R cognostre me fai.

v. 7: V thersaurizat O tresor aüne L il fait tresor R il fait trezor.

v. 13: V advena et peregrinus O aventiz et estrange L uns homs estrainges et pelerins R estranges et pelerins.

In L v. 18 *relaisse moi et m'apairgne* scheint eine Vermischung des Textes von V *remitte* mit dem des Psalterium Hebraicum (d. h. der vom h. Hieronymus hergestellten Uebersetzung des hebräischen Originals) *parce* vorzuliegen.

Psalm XXXIX.
R=L

v. 4: V videbunt multi et timebunt O verrunt mult e criendrunt
L maint et plusour vairont tout ceu et doubteront R
maint le verront et douteront.

v. 8: V holocaustum et pro peccato non postulasti O sacrifise et
pour pecchet ne requisis L sacrifice pour pecchieit tu n'ais
mies requis ne demandeit R por le pechie ne demandas
offerande.

v. 11: V prohibebo O devederai L deffenderai de ti preschieir R
deffenderai eins te lœrai.

v. 14: V multiplicatæ sunt super O multipliedes sunt sur L il
sont plus multiplieiz que ne sont R plus ai fait qu' il na.
V dereliquit me O deguerpit mei L m'ait laissieit et
m'est faillit R m'a deguerpi et m'a failli.

Psalm XL.
R=O

v. 5: V sana L wairi O saine R sane (VR).

v. 8: V susurabunt L mesdisoient et murmuroient O grundillo-
went R grondoloient.

R=L

v. 10: V edebat panes meos O manjot mes pains L mainjoit mon
pain avec mi R de mon pain avec moi menjoit.

Der Zusatz in R v. 12 *qu'il ont ainsi traï* lässt eine Beziehung
zu den im vorhergehenden Verse stehenden Worten in L vermuten
trayt et estendut sus mi sa trayson.

Psalm XLI.
R=O

v. 10: V incede L suis-je O vois-je R vois.

R=L

v. 2: V desiderat O desirret L desire et couvoite R couvoite et
desirre.

v. 10: V affligit O afflit L tourmente R tormente.
V contristatus O cuntristez L tristes R tristres.

v. 11: V eprobraverunt O esproverent L repruevent et reprochent R ont reprochie (für *sont reprochie* in R ist **wohl den andern** Texten entsprechend *m'ont reprochie* zu **setzen**). V per singulos dies O per senglez jurz L **chesques jour** R chascun jour.

Psalm XLIII.

R=O

v. 4: V vultus tui L de ta joieuse presence O **del tuen vult R** de ton volt (VR).

R=L

v. 12: V tanquam oves escarum O sicume **berbiz de viandes L** comme berbis pour estre mengieiz et devoreiz **R comme** berbis c'on doit mengier.

In R v. 11 ist *as–tu* für *es–tu* zu setzen (V *repulisti nos*).

Psalm XLIV.

R=O

v. 2: V calamus L penne O chalmeals R chalemiaus (VR).

v. 18: V memor ero L je me remembrerai O remembredur ierent R remembreront.

R=L

v. 2: V evuctavit O formist L ait routeit et dit et parleit R a route et dit.

v. 12: V adorabunt eum O aorerunt lui L **tuit lou venront aoreir** R tous li mondes l'aourera.

v. 14: V in fimbriis aureis O en frenges orines L **des ofroiz et** et franges d'or R vestement orfergie, de **franges d'or.**

Psalm XLV.

R=L

v. 9: V prodigia O monstres L les signes **mervilloulz et** les miracles R les merveilles.

v. 10: V auferens O tolanz L qui oste R a ostee.

Psalm XLVII.
R=L
v. 3: V exultatione O par esleecement L en la joie R en joie.

Psalm XLVIII.
R=L
v. 2: V orbem O cercle L monde R mont.

v. 18: V sumet O prendrat L enporterait R enportera.

R v. 18 ist wahrscheinlich nur eine Verbesserung der zweiten Hälfte von v. 17, da er das Original in getreuerer Fassung wiedergiebt.

Psalm XLIX.
R=L
v. 8: V non arguam O nient arguerai L je ne weil mie repenre R ne repanrai.

v. 9: V accipiam O receverai L je penrai R penrai.

v. 11: V volatilia O volatilie L les oissiauz R oisaulz.

v. 12: V si esuriero O si je fameillerai L se j'a fein R se j'ai fein.

v. 22: V existimasti O tu aasmas L tu ais cuidieit et estimeit R tu cuidas.

v. 23: V ne rapiat O ne ravisset L que il ne preignet et ravisset R que il ne preigne et ravisse.

Psalm L.
R=L
v. 3: V dele O esleve L oste et affaice R efface.

v. 4: V munda me O esneie—mei L me nettie R me netie.

v. 16: V de sanguinibus O de sans L de mes pechieiz R des pecheours.

v. 19: V non despicies O tu ne despirras L dieux ne despiterait ne ne refuserait jai R ne ja ne despira.

Psalm LI.
R=O
v. 4: V novacula L raisour O novacle R novacle (VR).

v. 7: V evellet L raierat O esracerat R esragera.

Psalm LII.

Dieser Psalm ist mit nur geringen Abweichungen eine Wiederholung von Psalm XIII. Vergleicht man beide Psalmen in R, so
finden sich manche Härten im Metrum von Psalm XIII hier ver-
mieden; so heisst es LII v. 4: *mais tuit sont a declin tournei* für
XIII v. 4: *maix tuit a declin sont tornei* und LII v. 6: *la ou paours
ne fu tramb'erent* für XIII v. 9: *ou paour ne fut la tramblerent.*

Während hierin wohl Verbesserungen des Verfassers zu sehen
sind, lassen die Formen *a, donra, sauvera, aura, sera* in Psalm LII
für die entsprechenden Formen in Psalm XIII mit der Endung
— *ait* auf eine Verschiedenheit der Schreiber der Handschrift
schliessen. Diese dem lothringischen Dialekt eigentümliche Erscheinung des nachtönenden i findet sich, namentlich in den betreffenden Verbalformen, durchgängig in R bis Psalm XXXII;
eine einzige Ausnahme macht *destruiras* in Psalm XXVII v. 6.
Nach Psalm XXXII verschwindet jene Erscheinung fast vollständig,
so dass man wohl von da an einen zweiten Schreiber, von dem
auch Michel in seiner Vorrede spricht *(nec omnia unius manu cons-
cripta esse videntur)*, eintreten lassen kann.

Psalm LIII.
R—O
v. 3: V judica L delivre O juge R juge (VR).

Psalm LIV.
R=O
v. 13: V abscondissem me forsitan L per aventure je me fuisse
quaichieiz et fuis O je me reposisse put—cel—estre
R puet—cel—estre me repondisse.

v. 22: V jacula L trespersant comme saietes O darz R dars et
arsons.

R=L
v. 5: V formido mortis O crieme de mort L paour de la mort
R paour de mort.

v. 7: V requiescam O je reposerai L je me reposerai R je me
reposerai.

v. 16: V in habitaculis eorum O es habitacles d'icels L en lour maison R en lor maison.

v. 22: V molliti sunt super O amolliees sunt sur L sunt plus molles R plus molz fu.

Eine richtige Uebersetzung von V v. 24 *non dimidiabunt dies suos*, wo *dimidiare* die Bedeutung von *zur Hälfte haben* hat, bietet von den altfranzösischen Texten nur R *demi le jor ne vivront mie*, während O *ne mi—partirunt lur jurz* und L *ne abrigeront mies lour jours* übertragen.

Psalm LV.
R=O

v. 3: V conculcaverunt L follent et mettent desous eulz O calcherent R chauchierent.

R=L

v. 10: V posuisti in conspectu tuo O tu posas el tuen esguardement L tu ais mis devant ti R devant toi meis.

v. 15. V placeam O je plaise L je sois plaisans R soie plaisans.

Psalm LVI.
R=L

v. 7: V et inciderunt eam O e enchairent en li L et sont cheus en celle meisme R et cil meismes y chayrent.

v. 9: V exsurgam O je leverai L je me leverai R je me leverai.

Psalm LVII.
R=O

v. 4: V alienati sunt L sont destourneiz et desvoieiz O estranget sunt R sont estrangie.

R=L

v. 2: V recte judicate O dreiturerement jugiez L jugieiz a droit R jugiez a droit.

v. 7: V molas leonum O les jodes des leuns L les gros dens des lyons R les moles des lyons grans et lor dans.

> R v. 7: *com l'aigue a niant venront*
> *desque malade devanront*

ist wahrscheinlich ein unvollständiger Vers; bei der gerade in diesem Psalme herrschenden breiteren Ausdrucksweise dem Original gegenüber ist kaum anzunehmen, dass eine absichtliche Kürzung der lateinischen Worte *ad nihilum devenient tamquam aqua decurrens: intendit arcum suum donec infirmentur* vorläge.

Psalm LVIII.
R=O

v. 7: V patientur famen L seront enragieiz de fein O faim sufferunt R fain sufferont.

R=L

v. 5: V exsurge in occursum meum O esdrece-tei el mien cuntrecurs L lieve toi encontre moi R lieve toi encontre moi.

v. 8: V gladius O glaives L glaives bien agus R ague espee.

v. 13: V in superbia sua O en la lur superbe L én lour orgueil R en lor orgueil.

v. 14: V dominatur O seignurerat L est signour R est sire.

Psalm LIX.
R=O

v. 3: V repulisti L tu ais chacieiz arrieir O tu debutas R tu deboutas.

v. 5: V vino compunctionis L de vin de plour et meschief O del vin de compunctiun R de compunction (VR).

R=L

v. 5: V dura O dures choses L durteit R durte.

v. 10: V calceamentum O calcement L chauceure R chauceure.

Psalm LX.
R=O

v. 5: V protegar L je serai wardeiz et warentiz O serai cuverz R convers serai.

R=L

v. 9: V et reddam O que je rende L et renderai R et rendrai.

Psalm LXI.

R=L

v. 7: V non emigrabo O ne trespasserai L ne m'en irai mie fuer de mon lieu R ne m'en fuirai.

v. 10: V in stateris O en peises L en lor balance et en poix R en lor balances.

v. 11: V nolite apponere O ne voilez aposer L n'i meteiz jai R n'i metez.

Psalm LXII.

R=O

v. 9: V adhæsit L tent et tire apres ti O ært R ært (VR).

R=L

v. 12: V obstructum est O estupede est L estoupee et close R iert close et honnie. .

In R v. 7 würde *m'aie* besser dem Original *adjutor meus* entsprechen als *ma vie.*

Psalm LXIII.

R=L

v. 2: V cum deprecor O cum je depri L quant je te prie R quant je te prie.

v. 5: V subito O sudement L sodainement R soudainement.

v. 11: V sperabit O esperrat L se fierait R se fiera.

Psalm LXIV.

R=O

v. 13: V pinguescent L seront engraissieiz O encraisserunt R engraisseront.

R=L

v. 11: V rivos O rives L ruisselz R ruissiaus.

v. 13: V exultatione O de ledece L de joie R de joie.

v. 14: V hymnum dicent O cant dirrunt L diront a ti lœnge R lœnges a toy diront.

Für V v. 11 *inebria* setzt O *enivranz* R *qui es enyvranz* L *tu enyvres;* die altfranzösischen Texte stimmen hierin mit dem Psalterium Romanum überein, wo sich an dieser Stelle *inebrians* findet.

Psalm LXV.
R=O

v. 16: V quanta L quantes et qualz choses O cum granz choses R com grant chose.

R=L

v. 14: V quæ distinxerunt labia mea O lesquels desevrerent mes levres L que mes leffres t'ont divisieit R que mes lev res te deviserent.

v. 17: V ore meo O par la meie buche L de ma bouche R de ma bouche.

v. 20: V qui non amovit O chi ne desturnat L qui n'ait mies osteit R qui n'a oste.

Psalm LXVI.
R=L

v. 2: V vultum O volt L vis R vis.

v. 5: V lætentur et exultent O esledecent et esjodent L aient liesce et joie R aient joie et leesce.

v. 6: V terra dedit fructum suum O la terre dunat sun fruit L quar li terre ait son fruit donneit R car la terre a donne son fruit.

v. 8: V benedicat nos Deus, Deus noster, benedicat nos Deus O benediet nus Deus, li nostre deus, benediet nus Deus L Dieux, qui est nostre Dieux, nous weille benire et nous weille donneir sa benisson L Deux nous doint sa beneysson.

Psalm LXVII.
R=O

v. 4: V epulentur L soient peuz et recreieiz O manjucent R menjussent.

v. 7: V vinctos L les enprisonneis de prison O les liez R les lies.

v. 14: V in pallore auri L resplendissant et coloreiz com or O en pallor d'or R en pallour d'or (VR).

v. 32: V legati L liegaulz O messagier R message.

R=L

v. 5: V iter O eire L voie R voie.

V occasum O dechedement L occident R occident.

v. 6: V a facie ejus patris orfanorum et judicis viduarum O de la face de lui del pere des orfenins et del jugedur des vedves L devant li qui est peires des orphenins et ausi est juges des vaves R de lui qui est peres des orphenins, juges des veves.

v. 7: V unius moris O custume L d'une mours et d'un cuer et d'une volenteit R d'un cuer.

v. 8: V in deserto O el desert L per lou desert R par le dessert.

v. 11: V animalia O almailles L bestes R bestes.

v. 19: V ascendisti in altum O tu muntas en halt L tu ais monteit en hault ou ciel R en haut montas ou ciel.

v. 20: V benedictus Dominus O benedeiz li Sire L benoiz soit Dieux R Deux soit beneis.

v. 21: V perambulantium in delictis suis O des paralanz en lur mesfaiz L de celui qui vet et vit en ses pechieiz R de ceux qui vont en pechie.

R v. 15 *en l'ombre seront enblanchi* für *nive dealbabuntur in Selmon* von V ist unverständlich.

In R v. 18 ist für *et mons Syna* zu setzen *en mons Syna;* V *in Sinai.*

Psalm LXVIII.

R=O

v. 5: V injuste L contre justice O a tort R a tort.

v. 6: V delicta L mes deffaulz et pechieiz O li mien mesfait R mi mefait.

v. 16: V urgeat L cloisse O cunstreignet R constreigne.

v. 36: V et hereditate acquirent L et averont en heritaige et en possession O et par eritet acquerrunt R et par erite acqueront (VR).

R=L

v. 7: V non erubescant in me qui expectant te O ne aient hunte en mei chi atendent tei L n'aient jai honte ne confusion

de mi ceulz qui te attendent et s'affient ti R cil qui
se fient en toy nulle honte n'aient de moi.

v. 20: V improperium meum et reverentiam meam O li mien
improperie et la meie reverence L mon reproche, ma
honte et ma deshonour R mon reprochement, ma honte.

v. 21: V sustinui O je sustinc L j'ai attendut R j'atendi.

v. 22: V aceto O d'aisil L de aisi et de vinaigre R de vinaigre.

v. 27: V super dolorem vulnerum meorum addiderunt O sur la
dolur de mes plaies L sus la dolour de mes plaies
ajusterent ont encor ajosteit et grevance et dolour
R sor la dolour ajouterent, plaie de quoi il me greverent.

v. 29: V deleantur O seient eslavé L soient destruis et affacieiz
R soient effacié.

v. 37: V servorum O sers L sergens R sergens.

V v. 13 zweite Hälfte *et in me psallebant qui bibebant vinum*
fehlt im gereimten Psalter.

Psalm LXX.
R=O

v. 3: V in locum munitum L bonne forteresse O en liu garnit
R en liu garni.

V firmamentum meum L ma fermeteit O li miens firmamenz
R miens fermemens (VR).

v. 13: V deficiant L soient mis a niant O defaillent R defaillent (VR).

v. 15: V memorabor L me sovenrait O je remembrerai R remembrerai.

v. 17: V usque nunc L jusques a maintenant O desque ore
R desqu'ore.

v. 21: V magnificentiam L magnificence O grandece R grandesce.

R=L

v. 5: V a juventute mea O dès la meie juvente L des ma jonesce
et mon enfance R des m'enfance.

v. 6: V ex utero O del ventre L dès lou ventre ou je fuis neiz
R de celle hore que je fui nes.

v. 12: V ne elongeris O ne seies esluignet L ne te esloignieir
mie R ne t'esloigne mie.

v. 19: V magnalia O grandeces L grant merveilles R merveilles.

Psalm LXXI.
R=L

v. 6: V stillicidia O gutieres L rosee R rousee.

v. 10: V adducent O amerrunt L apporteront R aporteront.

v. 17: V ante solem O devant le soleil L devant que li soloil fut fais R ains le soleil fu estaublis.

Eine direkte Übertragung des lat. Textes zeigt R in v. 6, wo *vellus* von V durch *velre* übersetzt wird, während O *tuisun*, L *lainne et toison* haben.

In R v. 16 ist *flus* wohl ein Druckfehler für *frus* (V *fructus*).

Psalm LXXII.
R=O

v. 2: V effusi sunt L ont esteit tumeiz et tresbucheiz O sunt espandu R sont espandu.

v. 7: V prodiit quasi ex L vient de O eissit ensement cume de R issi aussi come de.

v. 8: V in excelso L contre lou Tres Hault O en halt R en haut.

v. 19: V facti sunt in desolationem L sont il tost destruis et mis a niant O sunt fait en desconfort R sont fait en desconfort.

v. 27: V qui fornicantur abs te L qui te renoient et ne force de ti O chi funt fornicatum sanz tei R qui font la formication.

R=L

v. 2: V pene O a bien pruef L presques R presque.

v. 3: V videns O veanz L quant je voie R quant je vis.

v. 12: V obtinuerunt divitias O purtindrent richeises L ont les richesses dou monde R ont ou mont richesse.

v. 16: V superbia O superbe L orguel R orgueil.

v. 21: V renes mei commutati sunt O li mien rein cangied sunt L mes reins sont touz esmeuz R mes rains ai tous remues.

v. 22: V apud te O envers tei L enver ti et devant ti R devant toi.

v. 17: V in novissimis eorum O ès dederainetez d'els L de loar fin R lor finison.

Für *menras acant* in R v. 16 ist *menras a niunt* zu setzen (V *ad nihilum rediges*).

Psalm LXXIII.
R=L

v. 6: V in securi O en cuignede L en haiches R en hache.

v. 14: V capita O les ches L les testes R les testes.

V dedisti escam O dunas viande L as donneit maingieir R mangier donnas.

v. 22: V ab insipiente O del nunsavant L li folz R des foles gens.

In R v. 5 wird es für *en nom de ta feste* dem Text von V *in medio solemnitatis tuae* entsprechend *en mei de ta feste* heissen müssen.

In R v. 16 *la lune et le soloil* scheint der Text des Psalterium Romanum *solem et lunam* zu Grunde zu liegen, während L und O *auroram et solem* von V übersetzen.

An den Text des Psalterium Hebraicum *aestatem et hiemem* klingt R v. 17 an *yver et estée;* L und O übertragen *aestatem et ver* von V.

Psalm LXXIV.
R=L

v. 3: V cum accepero tempus O cum je recevrai tens L quant j'aurai prins lou temps R quant je le temps pris aurai.

v. 4: V liquefacta est O defite est L remise et fondue est R est remise.

v. 11: V confringam O confraindrai L briserai et abaiterai R briserai.

In R v. 4 *le vostre corps* und v. 10 *les corps* für *cornu* und *cornua* von V liegt offenbar ein Schreibfehler vor, zumal da es in v. 5 richtig *vostre corne* heisst.

In *enclinerai* und *faudrai* von R v. 8 findet sich für die 3. Pers. Sing. Fut. die Endung — ai wieder, die der Schreiber dieses Abschnittes sonst vermeidet; vielleicht sah er die Formen als in der ersten Person stehend an, da diese die folgenden Futura haben.

Psalm LXXV.
R=L

v. 7: V increpatione O encrepement L chastiement R chasti.

v. 6: V turbati sunt O turbé sunt L en sont troubleiz R en sont conturbei.

v. 9: V auditum fecisti O oit fesis L tu ais fait oyr R as fait oyr
v. 12: V in circuitu ejus O en l'avirunement L entour lui
R entour lui.

Psalm LXXVI.
R=O

v. 8: V complacitior L plus apaisieiz et débonaires O plus
paisible R plus paisible.
R=L

v. 3: V contra eum O contre lui L devant lui R devant lui.
v. 4: V renuit O refusa L n'ait volut R ne volt.
v. 18: V multitudo sonitus aquarum O multitudene del soen des
ewes L moult est grant li sons des yawes R li sons
des aigues fu moult grans.

Die Worte *devant lui* von L und R in v. 3 geben den Text
des Psalterium Romanum *coram eo* wieder.

In R v. 3 ist für *ne defaillit* zu setzen *en defaillit* in Übereinstimmung mit L *en est defaillis* (V defecit).

R v. 8 *escoupai* ist eine getreue Übertragung des *scopebam*
von V; O hat *escercowe* und L *je handeloie et nettioie*.

Psalm LXXVII.
R=O

v. 13: V quasi in utre L comme en un berroul O ensement cum
en boucel R comme en boucel.
v. 18: V escas L a maingieir O viandes R viande.
v. 19: V mensam L viandes O tauble R tauble.
v. 26: V induxit L ait fait venir O mena R mena.
v. 28: V in medio castrorum L en mei lieu d'eulz O el milliu des
herberges R enmi les herberges.
v. 29: V desiderium eorum attulit eis L lour desir est acomplit
O lur desiderie aporta à els R lor desirrier lor aporta.
v. 31: V ascendit super eos L est descendue sus eulz O munta
sur els R sor aus monta.
v. 37: V rectum L vrais ne ferme O dreiturers R droiturier.
v. 46: V ærugini L aux escherbos O à ruil R à ruil.

v. 52: V gregem L un tropel de bergerie O fulc R folc (was wohl für das vorhandene fou eiezusetzen ist; ebenso verhält es sich in v. 70).

v. 57: V non custodiernnt pactum L n'ont tenu ne foy ne loy O ne guarderent covenant R ne garderent son couvent.

v. 67: V repulit L ait despitieit et mis darrier O debouta R debouta.

R:=L

v. 13: V interrupit O il entrerrumpiet L il rumpit R rompi.

v. 18: V tentaverunt ut peterent O templerent que il requesissent L ont tempteit et ont demandeit R tempterent, rouverent

v. 20: V fluxerunt aquæ O decururent ewes L yawes en sont yssues et saillies R d'aigues en issi.

v. 21: V pluit illis O plut à els L lour ait plut dou ciel et envoieit R lor envoya.

v. 31: V et occidit O et ocist L et ait occit et tueiz R occist et tuɛ.

v. 45: V misit in eos cynomyiam O enveia en els cinomiam L lour envoiait toutes menieires de mouches R mouches et chiens lor envoia.

v. 53: V et non timuerunt, et inimicos eorum operuit mare O e ne crenstrent; e les enemis d'icels covrit la mer L et n'ont point doubteit, et li meir ait couvateit et englouti lour anemins R et il n'orent point de doutance et lor anemins tous couvri la mer, qui tous les englouti.

v. 58: V in sculptilibus suis O en lur entailledures L en ymaiges de lour ydoles R en lor ymages.

v. 61: V virtutem O la vertud L toute lor forse L toute lor vertu.

v. 63: V virgines eorum non sunt lamentatæ O. les virgines d'els ne guaimenterent L nulz n'ait ploreit lour vierges R lor vierges nul ne plora.

v. 66: V opprobrium sempiternum O reproce parmanable L reproche qu'a touz jours dure R reproche à tous jours.

Eine direkte Übertragung des lat. Textes zeigt R in v. 49, wo *locustae* von V durch *locustes* übersetzt wird, während O und L *salterele* und *saterelle* haben.

Der Text des Psalterium Romanum scheint R zu Grunde zu liegen in v. 10 *lor ars tendant et lor sajetes envoiant*, Psalt. Rom. *intendentes arcum, emittentes sagittas*, V *intendentes et mittentes arcum;* ferner in v. 48 *mouches et chiens lor envoia*, Psalt. Rom. *misit in eos cynomyam.* L hat an dieser letzteren Stelle (v. 50) *et lour envoiait toutes menieires de mouches* und giebt damit den Text des Psalterium Hebraicum *omne genus muscarum* wieder.

Eine Vermischung des Psalt. Hebr. mit dem Text von V scheint bei L vorzuliegen in v. 67 *toute lor forse et lour grant gloire*, Psalt. Hebr. *gloriam suam*, V *virtutem eorum*.

Psalm LXXVIII.
R=O

v. 4: V vicinis nostris L a tous nos anemins O a noz veisins R a nos voisins (VR).

v. 7. V desolaverunt L ont desoleit et destruit O desconfortereut R desconforterent.

R=L

v. 2: V morticinia posuerunt O poserent les caruignes L il ont mis les corps R les cors ont mis.

v. 12: V improperium O reproce L grant reproche R grant reproche.

v. 13: V confitebimur O regehirums L conferons et loerons R loerommes.

Psalm LXXIX.
R=O

v. 9: tr’ustulisti L tu ais trait et geteit O tresportas R tresportas.

R=L

v. 4: V converte nos O convertis —nus L converti nous a ti R convertis—nous a ton nom.

v. 19: V non discedimus O ne desseverums L ne nous depertirons point R ne nous departirons.

Psalm LXXX.
R=O

v. 11: V dilata L alargi et euvre O eslaisse R eslaise.

R=L

v. 4: V solennitatis vestræ O de la nostre solemnited L de vostre sollempniteit R de vos festivitez.

v. 8: V in trubulatione O en tribulatiun L en ta tribulation R en ton tribouil.

v. 10: V deus recens O deus frescissanz L dieux novel R deu novel.

v. 15: V humiliassem O ousse humilied L j'eusse humilieiz et mis au baix R eusse abaissies, humilies.

Psalm LXXXI.
R=O

v. 4: V pauperem et egenum L lou poure O le povre et le besugnus R povres besoignous.

Psalm LXXXII.
R=O

v. 6: V disposuerunt L ont fait O ordenerent R ordenerent.

R=L

v. 14: V pone ut rotam et sicut stipulam ante faciem venti O pose cume ruede e sicume stuble devant la face del vent L met com une roe tournant et comme estoulle et paille au vent R met com roe tornant com esteule devant le vent.

v. 15: V qui comburit silvam O chi brulled la selve L qui art lou boyx et la forest R qui le bois art.

Psalm LXXXIII.
R=L

v. 11: V elegi O esliz L j'ai mieux ameit R miex ama.

Für *est venus* in R v. 7 ist entsprechend den anderen Texten *est veus* zu setzen.

Psalm LXXXIV.
R=O

v. 2: V captivitatem L la servitude O la caitiveted R chaitivitei (VR).

v. 4: V mitigasti L tu ais appaisiee O tu assuajas R as assouagiee.

R=L

v. 2: V avertisti O desturnas L tu ais destorneit et osteit R as ostei.

Psalm LXXXV.

R=O

v. 16: V ancillæ tuæ L de ta demesalle O de la tue ancele R de t'ancele (VR).

R=L

v. 5: V suavis O suefs L doulz R dous.

v. 9: V venient O vendrunt L vendront a ti R venront a toi.

v. 17: V fac mecum signum, ut videant O fai ot mei signe, que veient L fai en moi signe que lou puissient veoir R fai en moi signe pue le voient.

In R v. 11 müssen die beiden Verba in der ersten anstatt in der dritten Person stehen, *yehirai glorifirai.*

Psalm LXXXVI.

R v. 2 *en toi* stimmt mit dem Text des Psalt. Hebr. *in te* überein, während L und O *de te* von V wiedergeben.

Psalm LXXXVII.

V v. 12 fehlt im gereimten Psalter (sowohl in R wie in W).

Für *criait* und *ait* von R v. 1 und v. 16 ist *criai* und *ai* zu setzen.

In R v. 13 ist *li jaliant* (W hat *jaant*) eine Übersetzung von *gigantes* des Psalt. Hebr.; L und O übersetzen *medici* von V.

Psalm LXXXVIII.

R=O

v. 12: V plenitudinem L toute sa grandour O la plented R les plentes (VR).

v. 24: V concidam L destruirait O trencherai R trancherai.

v. 27 V :susceptor L refouge O receverre R receveres.

v. 39: V repulisti, despexisti, distulisti L tu ais mis arrieir et
despitieit O tu debutas e despisis, purlugnas R tu de-
butais et despéis et prolognas.

R=L

v. 2: V in æternum O en permanableted L a tous jours mais
R a tous jours mais.

v. 11: V sicut vulneratum O sicume naffred L comme celi qui
est plaieiz et navreiz R sicomme cil qui est plaies.

v. 14: V firmetur O seit fermede L soit fermee et enforcie
R soit enforcie.

v. 16: V scit jubilationem O seit jubilacinn L sceit jubilation et
Dieux loeir R seit Dame — Deu loer.

v. 33: V in virga O en verge L en ma verge R en mai verge.

v. 34: V dispergam O despandrai L osterai R osterai.

v. 36: V juravi si David mentiar O jurai si ja a David mentirai
L j'ai jureit, a David point ne mentirai R jurée ai, ne
li mentirai.

v. 45: V numquid enim vane constituisti O car establisis — tu
dunc en vain L ais tu pour niant creeit et fais R as
— tu donc fait pour nient.

In R v. 45 ist *remembre—moi* in *remembre—toi* zu verwandeln.

Psalm LXXXIX.

R=O

v. 5: V quæ pro nihilo habentur· L qu'en repute ou poc ou niant
O chi pour neient sunt oüdes R qui por niant eus
seront (VR).

v. 10: V corripiemur L nous en serons corrigieiz O serums castied
R soroumes — nous tuit chasties.

R=L

v. 14: V mane O par matin L au matin R au matin.

v. 17: V splendor O la splendour L li.splendour et li clarteit
R la clarteis.

Psalm XC.

R=O

v. 6: V a dæmonio L de l'anemin O de diable R de diable.

v. 8: V considerabis L considerrais O esguarderas R esguarderas.
v. 10: V flagellum L plaie ne affliction O flaels R flaiaus (VR).

R=L

v. 7: V a latere tuo O de tun lez L a tou costeit R de ton costé.
v. 13: V super aspidem O sur serpent L sus l'aspes R sor aspe.

In L v. 4 *aules et pennes* ist sowohl *pennae* von V als *alae* vom Psalt. Hebr. übertragen.

Psalm XCI.

R=O

v. 8: V intereant L qu'il soient mis a mort O que il perissent R qu'il perissent.
v. 12: V insurgentibus L qui m'assaillent O esdreceanz R esdresant.

R=L

v. 6: V nimis O mult L trop R trop.
v. 11: V in misericordia huberi O en misericorde plenteive L en graice et en habundant misericorde R en misericorde habundant.
v. 13: V ut cedrus Libani multiplicabitur O sicume li cedre Libani sera multiplied L comme li cedre se multiplierait R cum cedres multipliera.
v. 14: V plantati O li plante L ceulz qui sont planteiz R cil qui plantei seront.

Psalm XCIII.

R=O

v. 21: V captabunt L il attendient et querient voie O cuveiterunt R covoiteront.

R=L

v. 6: V advenam interfecerunt O l'adventiz ocistrent L estrainges sorvenanz ont tueit R l'estrange tuerent.
v. 9: V plantavit O planta L ait planteit et fait R fist et planta.
v. 11: V scit cogitationes O set les cogitaciuns L seeit et cognoit les pencees R conoist le pense.

v. 17: V nisi quia Dominus adjuvit me O si puer ce nun que nostre Sire ajuad mei L se Dieux ne m'eut aidieit R se Deu ne m'eust fait aie.

Psalm XCIV.
R=O

v. 1: V jubilemus L jubilons O cantums R chantons.
v. 9: V errant corde L sont durs et asseirrent de cuer O il folient par cuer R il estoient de fol cuer et si foloient.

R=L

v. 1: V venite O venez L venez tuit R venes tuit.

Psalm XCV.
R=O

v. 4: V laudabilis nimis L drop digne d'estre loeiz O mult loables R moult loables.
v. 8: V hostias L hoistes et offrandes O sacrifises R sacrifice.

R=L

v. 13: V omnia quæ in eis sunt O tutes les choses chi en els sont L tout quanqu'en eulz sont R quanqu'en aus sunt.

Psalm XCVI.
R=O

v. 2: V correctio L correction et fermeteit O amendement R amendemens.

R=L

v. 2: V caligo O calim L obscurteit R oscurtés.
v. 5: V fluxerunt O decururent L sont fondues et remise R remist.
v. 8: V exultaverunt O s'esjoirent I. ont ehut grand joie R ont joie grant.

Psalm XCVII.
R=L

v. 7: V moveatur O seit moüde L movoisse soi R se mueve.

Psalm XCVIII.
R=O

v. 2: V super populos L sor les dieux O sur poples R sor pueples (VR).

v. 4: V parasti directiones L tu ais apparillieit tes equiteiz et tes justices pour adrecieir O tu aprestas adrecement R adrescement aparillas.

v. 9: V fuisti ulciscens in adinventiones L punissoiz contrueves et adinventions O tu fus venjanz en les truvemenz R estoies venjans entre trovemens.

R=L

v. 1: V populi O li pople L li pueples mescreanz R cil qui les ydolles croient.

v. 3: V confiteantur O regehissent L confessoisse soi tuit R fassent trestuit confession.

v. 6: V in sacerdotibus ejus O es sacerdotes de lui L entre ses prestres R entre ses prestres.

v. 8: V propitius O merciables L propices et pitoulz R moult propices.

Psalm XCIX.
R=L

v. 3: V populus ejus et oves O li poples de lui e les oeilles L vous qui estes sou pueple et les berbis R et vous sa gens et ser berbis.

v. 5: V veritas ejus (usque in generationem et generationem) O la verited de lui L dure sa veriteit R duerra sa vertés.

Psalm CI.
R=O

v. 8: V in tecto L ou teit O en maisun R en maison.

v. 23: V in conveniendo populos L pour mettre ensemble et tout a un les pueples O en aseınblant les poples R li pueples assamblant.

v. 27: V inveterascent L devanront vieiz et anciens O envegirunt R enviesirunt (VR).

R=L

v. 5: V percussus sum O trenchiez sui L je sus feruz R je sus ferus.

v. 14: V tu exsurgens misereberis O tu esdreçans auras merci L tu te leverais et dresserais et aurais merci R tu te leveras et merci auras.

Psalm CII
R=O

v. 3: V sanat L wairit O sained R sanne (VR).

v. 14: V figmentum nostrum L nostre poure fragiliteit et nostre feble condition O la nostre faiture R nostre fature.

R=L

v. 11: V secundum altitudinem cæli a terre O sulunc la haltece del ciel de la terre L selonc ceu que li cielz est haulz au rewart de la terre R selonc ce que li ciels est haus de la terre.

v. 16: V non amplius O ne—ampleis L plus—ne R plus—ne.

Psalm CIII.
R—O

v. 2: V amictus L revestu O coverz R covers.

v. 17: V dux est eorum L est sou conduit O duitre est d'icels R iert dutre.

v. 22: V in cubilibus suis collocabuntur L s'en iront en lour repolz O en lur liz serunt alue R en lor lit aloue sont.

R=L

v. 2: V extendens O estendanz L tu extens R estens.

v. 15: V exhilaret faciem O il halegre sa face L pour faire clairie et lie faice R faces lies lor faisses.

v. 17: V herodii domus O la maisun de falcun L li maison dou herodius R la maison d'erode.

v. 19: V in tempore O en tens L en sou temps R en son temps.

v. 21: V quærant escam sibi O quergent viande a sei L queiront lour viande R querunt lor viande.

v. 24: V quam magnificata sunt O mult grans sunt faiz L comme sunt grans R cum sont grans.

v. 25: V animalia pusilla cum magnis O almaille petiz ot les grans L grand bestes avec les petites R grans bestes et petites.

v. 33: V psallam quamdiu sum O canterai cume lunghement je sui L loerai tant comme je suis en vie R loerai tant cum vivrai.

v. 34: V jucundum O delitable L joioulz R joious.

Psalm CIV.
R=O

v. 30: V in penetralibus L jusques au lit et a la couche et au plus secreit lieu O es cambres R en chambres.

v. 36: V toutes lour premices et premieir fruis O les cumencemenz de tut le travail R les comencement de lor travas tous.

R=L

v. 4: V semper O toutes ores L adès R adès.

v. 15: V nolite tangere O ne voilez tucher L en disant: wardeiz que point vous ne touchieiz R si dist: ne touchies.

v. 17: V in servum (venumdatus est) O en serf L comme sers R comme sers.

v. 24: V auxit O aoist L escrut et multipliait R multiplia.

v. 30: V edidit O forsmist L donnait R donai.

v. 34: V bruchus O lur feun L moixes bruans ou hainetons R haneton.

v. 37: V infirmus O enfers L maleide R malades.

v. 38: V lætata est O esladeça L ost grand joie et fut moult liee R fu joiose et lie.

v. 41: V fluxerunt aquæ O cururent les ewes L yawes en saillirent R s'en issirent aigues et li flum en saillirent.

Psalm CV.
R=O

v. 11: V remansit L demorait O remist R remest.

v. 26: V ut prosterneret L pour abaitre et tueir O qu'il acraventast R que escrevanta.

v. 34: V commixti sunt L sont conpleiz et entremesleiz O melle sunt R melle sunt.

$$R=L$$

v. 4: V memento O remembre L remembre toi et te souviengne R membre-toi et en soveigne.

v. 7: V patres nostri in Aegypte O li nostre pere in Egypte L nos peires, qui furent en Egypte R nostre peire en Egypte furent.

v. 14: V in inaquoso O en neient ewos liu L on lieu sec et senz yawe R en sec liu.

v. 15: V misit saturitatem O enveia sazieted L ait remplit et saoleit R saola.

v. 39: V infecta est terra in sanguinibus O malvede est la terre en sans L li terre ait esteit honie et mise a mort en lour sanc R la terre est tuee en lor sanc.

V fiat fiat O seit fait seit fait L ensi soit il, ensi soit il R ensi soit.

V v. 38 fehlt in R und W.

In v. 14 geben L und R den Text des Psalt. Rom. *in siccitate* wieder.

L v. 37 *en lour contrueres et mauvaises estudes* ist eine Übersetzung des Textes von V *in adinventionibus suis* und vom *Psalt. Hebr. in studiis suis.*

P s a l m CVI.

$$R=O$$

v. 29: V statuit in auram L il ait mueit en vens doulz et paisibles O establi en l'ore R en aure establi (VR).

v. 30: V siluerunt L il se sont coisieiz et apaisieiz O se turent R se téurent.

v. 40: V effusa est contentio L et sou despit et sou corrous ait esteit cheuz et est venuz O espandue est tençun R fut espandue contenciun (VR).

V errare fecit L il ait fait assareit et desvoier O folier fist R a fait foloier.

$$R=L$$

v. 4: V in solitudine O en sultaineté L on desert R el desert.

v. 5: V esurientes et sitientes: anima eorum O fameillanz et sezelanz: l'aneme d'icels L il avient fain et soif tant que l'arme de yceulz R tant i orent et fain et soi que lor ame.

v. 9: V satiavit bonis O saziad de bones choses L ait de tous biens remplie R de bien aemplie a.

v. 10: V in mendicitate O en mendiement L en poureteiz R de poverté.

v. 12: V humiliatum est O humiliez est L ait esteit humilieit et abaissieit R est humilies et abaissies.

v. 16: V vectes ferreos O les turiulz ferrins L les verroulz de fer R les verrous de fer.

L v. 24 *et li vens de tempest c'est alleveiz* giebt die Worte vom Psalt. Hebr. *et surrexit ventus tempestatis* wieder; V hat dafür *et stetit spiritus proeellae.*

Psalm CVII.

Dieser Psalm ist eine Wiederholung von Stücken aus zwei früheren Psalmen; v. 1—5 halb findet sich bereits in Ps. LVI v. 10—14 und v. 5 zweite Hälfte bis Schluss in Ps. LIX von v. 5 bis zum Ende. Im ersten Teil schliesst sich der Verfasser von R an die Verse von Ps. LVI an; den zweiten Teil dagegen übersetzt er von neuem, ohne auf die schon vorhandene Übersetzung in Ps. LIX zurückzugehen.

Psalm CVIII.

$$R=O$$

v. 2: V dolosi L dou mauvais decevour O de boisus R dou boiseor.

v. 3: V gratis L pour niant et senz cause O en parduns R en purdon.

v. 18: V elongabitur L fuirait O sera eslugnede R sera esloignie (VR).

v. 19: V zona L corroie O ceingture R saınture.

R=L

v. 4: V ego autem orabam O je acertes orowe L et je prioie
Dieu pour eulz R et je pour tous ceus oroie et proioie
ta misericorde.

v. 11: V fœnerator O li gablere L li usurieir R userriers.

v. 13: V in interitum O en peril L a mort R a la mort.

v. 30: V in ore meo O en mun cuer L de ma bouche R en ma
bouche.

Die zweite Hälfte von V v. 18 fehlt in R und W.

L v. 19 *telz est li louviers et li paiement* klingt mehr an den
Text des Psalt. Hebr. *hae: est retributio* an als an den von V *hoc opus.*

Psalm CIX.
R=O

v. 6: V ruinas L les ruines O tribuchemens R les tribuchemens.

R=L

v. 1: V sede O sie L sieiz toi R sie toi.

V donec ponam inimicos tuos, scabellum O desque je pose
les tuens enemis, escamel L jusqu'a tant que j'aie mie
tes anemins comme xamel R tant que t'aie tes anemis
cum eschamel mis.

v. 7: V de torrente bibet, exaltabit caput O d'ewe but, exalçad
sun chief L il buverait et ait but dou ruissel, essaucerait
et alleverait lou chief R del ruisel bevra, essaucera
le chief.

Wir haben in v. 7 eine von den seltenen Stellen, wo L und R
das Original getreuer wiedergeben als O; dasselbe gilt von Ps.
CVIII v. 30.

Psalm CX.

V v. 9 zweite Hälfte: *initium sapientiae timor Domini* fehlt in
R und W.

Psalm CXI.
R=O

v. 1: V volet nimis L trop volentrins serait O voldra mult
R moult vaura.

R=L

v. 5: V jucundus homo qui miseretur et commodat O delitables
huem chi ad merci et acreit L joioulz est li homs qui
ait merci pitousement d'autrui et li preste R a dieu est
moult li bons joious qui preste et si est pitous.

V in æternum non O en parmanableted ne L jamais ne
R ne jamais.

Psalm CXII.
R=L

v. 6: V in altis O ès halteces L lassus en hault R là-sus en cieus.

In R v. 4 ist *et* für *en* zu setzen.

Psalm CXIII.
R=O

v. 1: V de populo barbaro L dou pueple barbarin O del pople
estrange R del pueple estrange.

v. 15: V palpabunt L ne puelent sentir ne potieir O tasterunt
R tasterunt.

R=L

v. 1: V in exitu O en l'eissement L quant issoit R quant oissi.

v. 12: V simulacra O estatues L ydoles R ydels.

Der Zusatz *et sa maistrie* in R v. 2 giebt den Sinn von *regnavit*
mi Psalt. Rom. wieder.

Psalm CXIV.
R=L

v. 8: V a lapsu O de esculurgement L de tresbuchieir R de
tresbuchement.

Psalm CXV.
R=L

v. 3: V quid retribuam O quel chose regueredurrai-je L que
renderais-je R que rendrai-je.

v. 4: V accipiam O je recevrai L penrai R penrai.

Psalm CXVI.
R=L

v. 2: V confirmata est O confermede est L il ait conformeit
R a confermée.

Psalm CXVII.
R=L

v. 19: V ingressus O entrez L quant je serai entreiz R quant
je entré serai.

V v. 28 zweite Hälfte *confitebor tibi quoniam exaudisti me et
factus es mihi in salutem* ist im Reimpsalter nicht übersetzt.

In R v. 21 *la pierre que li maison ont reprochiés* ist *li maison*
unverständlich; vielleicht ist *li maistre* dafür zu setzen, welches
dem Text von V *aedificantes* (Baumeister) näher käme.

Psalm CXVIII.
R=O

v. 15: V considerabo L considerrai O esguarderai R esgarderai.

v. 23: V exercebatur L se occupoit et se exercitoit O esteit tra-
vaillé R estoit travailles.

v. 50: V haec me consolata est in humilitate mea L elle m'ait
consolation fait et confort en mon affliction et en mon
adversiteit O iceste me conforta en la meie humilité
R et iceste me conforta en humiliteit.

v, 61: V circumplexi sunt L ont lieit et envelopeit O embracierent
R embrassa.

v. 84: V quot sunt dies servi tui L quant jours ait encore a vivre
ton sergent O quant sunt li jur de tun serf R quant
sunt li jours de ton serjant.

v. 119: V reputavi L j'ai reputeit O aasmai R aesmai.

v. 122: V non calumnientur L ne me faicent mie vilenie ne grevance O ne chalengent R que ne me voisent chalonjant.

v. 127: V dilexi super L ai amei asses plus que O amai sur
R amai sur (VR).

v. 147: V in maturitate L per boin avis O en maurted R en
murté (VR).

R=L

v. 8: V non me derelinquas O ne me deguerpisses L ne me weilles mies laissieir R ne me laissier mie.

v. 29: V de lege tua O de la tue lei L en ta loi R en ta loi.

v. 38: V (opprobrium) quod suspicatus sum O que je suspechai L dont j'ai sospesson R dont j'ai souspies

v. 42: V in latitudine O en laür L en grant largesce R en largesse.

v. 61: V pruina O geleda L bruyne R bruine.

v. 96: V latum O led L large R large.

v. 97: V tota die O tute jur L adès et toute jour R adès.

v. 109: V in manibus meis O es tues mains L en mes mains R en mes meins.

v. 115: V maligni O maligne L li mauvais R li mauvais.

v. 133: V non dominetur O que ne segnort L n'ait signorie R n'ait signorie.

v. 139: V inimioi mei O li tuen enemi L mi anemins R mi anemic.

v. 140: V ignitum O fuins L est enflammeiz R est enflammée.

v. 141: V contemptus O sufisanz L despitieiz R despis.

v. 144: V et vivam O que je vive L et je vivrai R si vivrai.

v. 153: V multi sunt O mult sunt L plusour sont R sunt pluisor.

v. 164: V septies in die O set feiedes en jur L sept foys lou jour R set fois le jor.

v. 168: V in conspectu tuo O el tuen esguardement L devant ti R devant toi.

v. 169: V appropinquet O aprismet L approchoisse et vieingne R viengne approchanz.

v. 170: V intret O entred L viengne R viengne.

Die Einteilung dieses Psalmes in 22 Abschnitte zu je 8 Versen ist von L und R genau beibehalten; in R fehlt v. 27 von V *viam justificationum tuarum instrue me et exercebor in mirabilibus tuis*, der auch in W nicht vorhanden ist.

Die Reihenfolge von je 8 Versen ist in O gestört dadurch, dass v. 25 den dritten Abschnitt beschliesst, während er den vierten beginnen müsste.

In R v. 103 erwarten wir für *humel* ein Wort wie *vivant*, V hat *vivifica me*.

In R v. 159 liegt eine falsche Auffassung des lat. Textes vor; der Verfasser von R hält *abominatus sum* von V für eine Passivform und übersetzt *despis fui*, während es doch dieselbe Bedeutung wie das vorhergehende *odio habui* hat.

Psalm CXIX
R=O

v. 5: V incolatus meus L mon pelerinaige O li miens cultivemenz R mes coutivemens.

R=L

v. 3: V quid detur tibi O que seit duné a tei L que te donrait on R que te donroit l'on.

v 6: V impugnabant O cumbateient L essaillient et corrient R assaillirent.

V v. 5 Schluss und v. 6 fehlen in R und W.

L v. 5 giebt mit *pelerinaige* das *peregrinatio* vom Psalt. Hebr. wieder.

Psalm CXX.
R=L

v. 6: V uret O brullerad L arderait R ardera.

v. 8: V introitum et exitum O entrement et eissement L entree et yssue R entree et essue.

Psalm CXXI.
R=L

v. 6: V rogate quæ O preiez les choses qui L prieiz pour R proies pour.

Psalm CXXIII.
R=L

v. 2: V exsurgerent in nos O s'esdreçowent en nus L nous assaillient R nous assaillissent.

Psalm CXXV.
R=O

4. v: V in austro L au meisdi O en austre R en ostre (VR).

R=L

v. 5: V metent O cuillent L moixeneront R mesonnerunt.

v. 8: V cum exultatione O ot esledecement L a grant joie R a grant joie.

In v. 6 haben R O L für *portantes* von V *il metient, enveiana, il envoieieut,* was dem *mittentes* im Psalt. Rom. entsprechen würde; im letzten Vers geben die 3 altfranz. Texte *portantes* von V richtig wieder.

Psalm CXXVI.

R=O

v. 3: V vanum est vobis surgere L pour niant et en vain vous leveiz O vaine chose a vus lever R vene chose est a vous lever (VR).

R=L

v. 1: V nisi ædificaverit O si ne edifierat L se ne edifiet R se n'edifie.

V custodierit O guarderat L wairde R guarde.

v. 4: V cum dedit somnum O cum il dunrad somne L quant il averait donnei somne de repolz R quant deu aura donne somne et en repos mis.

v. 6: V implebit O æmplirad L ait accomplit R a empli et acumpli.

V v. 4 zweite Hälfte *ecce hereditas domini filii merces fructus ventris* fehlt in R und W.

Psalm CXXVII.

R=L

v. 2: V labores manuum tuarum quia manducabis O travailé de tes enemis, car tu mangeras L tu maiugeras la labour de tes mains R tu qui le labour de tes meins mengeras.

v. 3: V uxor sicut vitis abundanz O la tue feme sicume viz abundant L ta femme serait come vigne bien habundant en fruit R ta femme sera fruit come vigne habunderait.

v. 4: V novellæ olivarum O li plançun des olives L novelles olivetes R novelle olive.

Psalm CXXVIII.
R=O

v. 4: V concidet L decoperait O trenchera R trenchera. ·

Psalm CXXIX.
R:=L

v. 3: V quis sustinebit O chi sustendra L qui lon pourrait soustenir ne porteir R qui le pourrait soustenir.

v. 7: V copiosa O plenteive L copiouse et habondant R habundans.

Psalm CXXX.
R=O

v. 2: V neque ambulavi in magnis L ne je ne suis alleiz en grant
pompes ne trop hautement. O ne neu alai en granz
choses R en grans choses n'alai.

Psalm CXXXI.
R=O

v. 9: V sacerdotes L prestres O li proveire R provoire.

R=L

v. 4: V et requiem temporibus meis O et repos as miens tens L
ne repos a mes temples R et a mes temples nesun repos.

Psalm CXXXII.
R=L

v. 1: V in unum O en un L ensemble R ensemble.

In R v. 2 ist für *de la barbe descent* besser *en la barbe descent*
zu setzen, entsprechend dem lat. Texte *descendit in barbam.*

Den für L wohl einzigen Fall, dass eine Stelle des lat. Originals unübersetzt bleibt, haben wir in v. 3, wo *sicut ros Hermon* von
V in L fehlt; es ist dies ein Versehen des Schreibers, denn ohne
die Beziehungsworte *sicut ros Hermon* würde der Relativsatz *qui
descent en la montaigne de Syon* keinen Sinn geben.

Psalm CXXXIV.
R=L

v. 12: V et dedit hærediatem O duna heredited L ait donneit en
heritaige R a en berité donne.

v. 14: V (Dominus) in servis suis depiccabitur O en ses sers depreiera L en ses sergens serait prieiz R en ses (was · für *en les* zu setzen ist) serjans proies sera.

v. 16: V non videbunt O ne verrunt L ne voient goute R goute ne verunt.

In R. v. 2 muss es *ailre* für *auslre* heissen.

Psalm CXXXV.
R—O

v. 12: V in bracchio excelso L en bras estendut O en halt braz R en aut brais.

R=L

v. 23: V memor fuit nostri O remembrere fud de nus L ait ebut de nous remembrance R a eu de nous remembrance.

In R v. 4 ist *fait assaucies* in *fait assaicies* zu verwandeln V *qui dat escam.*

Psalm CXXXVI.
R=O

v. 3: V qui captivos duxerunt nos L qui nous avient pris et ameneit O qui chaitis menerent nus R qui chaitis nous menerent (VR).

v. 8: V misera L tres meschanz O caitive R chaitive et en agone.

R·-L

v. 6: V si non meminero tui O si mei ne rememberra de tei L se il ne me sovient de ti R se il de toi ne me soviegne.

v. 9: V allidet O esgenera L huiterait R hurterais.

Psalm CXXXVIII.
R·-O

v. 4: V novissima et antiqua L les anciennes choses et les novelles O les deraines choses e les anciens R le darien et l'ancien.

v. 8: V in extremis maris L a la fin de la meir O ès derainetez de la mer R es dariennetez de la mer.

R·-L

v. 2: V investigasti O tu trachas L tu ais bien enserchiet R en merite cerchas.

v. 7: V si ascendero si descendero O si je munterai, si je descendrai L si je monte se je descen R si je mont si descent,

V v. 12 Schluss: *sicut tenebrœ ejus ita et lumen ejus* und v. 15 Schluss: *et substantia mea in inferioribus terrae* fehlt in R und W.

Psalm CXXXIX.

R=O

v. 12: V vir linguosus L li homs qui trop parle O huem genglere R hom gangles.

R=L

v. 6: V funes extenderunt O funels establirent L tendut ont lour cordes R cordes estendirent.

v. 9: V ne forte O que par aventure ne L que nen R que ne.

Das *forte* in V v. 9, welches L R nicht übersetzen, fehlt auch im Psalt. Hebr. und Rom.

Für *dirigetur* in V v. 12 heisst es in R *amés ne sera*, was ein *diligetur* voraussetzt.

V v. 8 *obumbrasti super caput meum in die belli* und v. 11 *in ignem dejicies eos* wird in R und W nicht übersetzt.

Psalm CXL.

R=L

v. 11: V cadent in retiaculo O carrunt el reteneil L trebucheront et chairont en sa roiz R trebucheront en ses rois.

Für V v. 9 *dissipata sunt ossa* hat R *ensl sunt nostre os desrumpu;* der Zusatz *ensi* stimmt überein mit dem Psalt. Hebr. *sic dissipata sunt.*

V v. 7 zweite Hälfte *absorpti sunt juncti petrar, judices eorum* fehlt im gereimten Psalter; ebenso der Schluss von V v. 9 *non auferas animam meam.*

Psalm CXLI.

R=O

v. 6: V periit fuga a me L je n'avoie loisir ne lieu de fuir O perit fuie de mi R de moi la fuie perist (VR).

R = L

v. 1: V voce mea ad deum deprecatus sum O par la meie voiz le
Segnor deprèiei L de ma voix j'ai a nostre Signour prieit
R de ma vois a Deu priai.

v. 4: V absconderunt O repostrent L li mauvais orguilloulz ont
tendu R li orguillous reponoient.

In R. v. 7 ist *a tous dis* in *a tous ris* (V *cicentium*) und in v.
10 *m'ont entendu* in *m'ont attendu* (V *expectant)* zu verwandeln.

Psalm CXLII.

V v. 8 zweiter Teil *et similis ero descendentibus in lacum* und
v. 12 *propter nomen tuum Domine civificabis me in aequitate tua* fehlt
in R und W.

Psalm CXLIII.

R = L

v. 15: V plena O plains L remplis et pleins R plein et raempli.
v. 17: V transitas O trespassement L paroiz R parois.

V v. 8 *de manu filiorum alienorum* fehlt in der gereimten
Übersetzung, wahrscheinlich durch Versehen des Schreibers, denn
der folgende Satz *qui ont felonie parlé* setzt jene fehlenden Worte
voraus; dieselben lassen sich, da dieselbe Stelle unten wiederkehrt,
ergänzen durch v. 12:

et delivre-moi ensement
de tous le fius d'estrange gent,

wo hinwiederum die lat. Worte *quorum os locutum est vanitatem et
dextera eorum dextera iniquitatis* nicht übersetzt sind, während sie
es oben waren.

Psalm CXLIV.

Für *qu'en ta mein uevres* in R v. 17 ist *quant ta mein uevres*
verständlicher, V *aperis tu manum tuam et imples.*

V v. 6 *et virtutem terribilium tuorum disent et magnitudinem
tuam narrabunt* und v. 16 *et tu das escam illorum in tempore* fehlen
in R W.

Psalm CXLV.
R=L

v. 6: V caecos O les cius L les aveugles R les aveules.

v. 7: V elisos O les esgenez L les blecieiz et tresbuchieiz R les blesciés.

In v. 7 *aime et s'es adresse* stimmt R sowohl mit V L *diligit aime* als auch mit O *adreced*, was *dirigit* voraussetzt, überein.

V v. 8 zweite Hälfte *pupillum et riduam suscipiet et vias peccatorum disperdet* fehlt in R W.

Psalm CXLVI.
R=L

v. 9: V qui producit O chi avant meined L qui fait venir R qui fait venir.

Psalm CXLVII.
R=L

v. 5: V nebulam spargit O nublece esparpeilled L espaut les nues R la nue espaut.

v. 7: V fluent aquae O decurunt les ewes L les yawes corront a grant planteit R habundance d'ague corra.

Psalm CXLVIII.
R=O

v. 9: V omnes colles L toutes costes O tuit tertre R li tertre tuit.

In R v. 3 ist für *li angles qui sus sunt* zu setzen. *li agues qui sus sunt*, V *aquae quae super coelos sunt.*

Übereinstimmung mit dem Text des Psalt. Hebr. *ares volantes* zeigt R in v. 9 *oisail qui sont volant*; O L haben *empennez* als Übersetzung von *volucres pennatae* in V.

Psalm CXLVIII.
R=O

v. 3: V in choro L en instrument joieulz de musique O en carole R en querole.

v. 5: V in cubilibus L en repulz O en liz R en lis.

v. 8: V in compedibus L des pieiz O en buies R en buies.

R=L

v. 6: V in gutture eorum O el guitrun d'els L en lour gorges et
en lour bouche R en lor bouches.

Psalm CL.

V v. 12 zweite Hälfte *laudent nomen Domini: quia exaltatum
est nomen ejus solius* fehlt im gereimten Psalter; überhaupt machen
die letzten Psalme wegen des häufigen Fehlens von ganzen oder
halben Versen den Eindruck von Flüchtigkeit, die wohl dem
Dichter zuzuschreiben ist, da auch die Wiener Handschrift nicht
ergänzend eintritt.

Dem Psalter folgen in den altfranzösischen Texten eine Reihe
von religiösen Gesängen, die meist auf dem Bibeltext beruhen;
aus ihnen sind noch zwei Stellen hervorzuheben, an denen L R
gegenüber O Uebereinstimmung zeigen.

Im „Canticum Simeonis" lautet v. 4 bei O: *lumiere e le des-
correment des gens*, L hat: *lumieire pour toutes gens enlumineir*, R:
lumiere as gens enluminer; die lat. Worte (Ev. Luc. II, 32) sind:
lumen ad reveiationem gentium.

Am Schluss von v. 14 des Gesanges „Benedicite omnia opera
Domini" wiederholen sich bei O die Worte des vorhergehenden
Verses: *tuit li oisel del ciel, al Seignur, beneissez,* während L R den
lat. Text (Dan. v. 82): *benedicite filii hominum Domino* richtig
wiedergeben, L: *vous tuit enfans des homes, beneissiciz a nostre Signour* R: *et filz d'ome tout à acertes beneissies.*

———————

Aus der vorstehenden Untersuchung ergiebt sich für R eine
nähere Verwandtschaft mit L als mit O, so dass wir in L die
altfranzösische Prosavorlage für R erkennen können. Besonders
beweisend für dieses verwandtschafliche Verhältniss sind diejenigen
Stellen, wo L und R den lateinischen Text richtig geben, während
O die betreffende Stelle des Originals falsch versteht; z. B. Ps.
118, v. 141 übersetzt O das *contemptus* von V mit *sufisanz*, was

einem lat. *contentus* entsprechen würde, während L und R richtig *despitieiz* und *despis* haben; in Ps. 108 v. 30 geben L R *in ore meo* des Originals richtig durch *en ma bouche* wieder, während O *en mun cuer* hat; in Ps. 127, v. 2 ist in O für *manuum tuarum* von V *de tes enemis* zu lesen, L und R haben *de tes mains*.

Andrerseits sind die Stellen beweisend, wo nur O gegenüber L R das lateinische Original richtig überträgt; z. B. in Ps. 131 v. 4 haben L R für *temporibus meis* von V *a mes temples*, O *as miens tens*, ferner in Ps. 33, v. 23 übersetzen L R *servorum suorum* von V durch *de ses suins*, O durch *de ses sers*.

In der uns jetzt vorliegenden Gestalt, die er im 14. Jahrhundert erhalten hat, (wie die Schlussworte angeben: ci finit li psaultieir en romans escript et translateit per une main l'an M. CCC. et LXV ans) kann der Lothringer Psalter freilich dem Reimpsalter, den G. Paris noch in das 12. Jhdt. „encore au XII siècle" setzt, nicht als Vorlage gedient haben, wohl aber in einer älteren Form. Zur Annahme einer solchen sind wir berechtigt, da S. Berger nachweist, dass der Lothringer Psalter ein „œuvre composite" oder „remaniement d'un texte lorrain plus ancien" ist. (Berger, S. 270 ff.)

Eine Beziehung des Lothringer Psalters oder jenes ältern Textes „texte lorrain plus ancien" zu dem im Kreise der Waldenser in Metz entstandenen Psalter, der vom Papste im Jahre 1199 zum Feuertode verurteilt wurde, (vgl. hierzu einen Aufsatz von Prof. Suchier: „Zu den altfranzösischen Bibelübersetzungen." Ztschrft. f. rom. Ph Bd. 8, S. 421.) ist Berger nicht geneigt anzunehmen „il n'est pas probable que le psautier lorrain descende du psautier des Vaudois de Metz." S. 280). Seine Ansicht gründet er darauf, dass die Quellen des Lothringer Psalters überhaupt nicht in Lothringen zu suchen seien, da die Psaltertexte, welche Annäherung an den Lothringer Psalter zeigten, ihrer Herkunft nach nicht lothringisch seien. Diese Behauptung Berger's trifft jedoch nur für die entfernteren französischen Quellen des Lothringer Psalters, nicht für die direkten Quellen desselben zu, über welche sich nichts bestimmtes äussern lässt. Wahrscheinlich ist es aber, dass jene ältere Form des Lothringer Psalters, die dem aus dem Ende des 12. oder dem Anfang des 13. Jhdts. stammenden Reimpsalter vorgelegen hat, zu dem in Metz entstandenen Waldenserpsalter in Beziehung steht oder sogar identisch mit demselben ist. Denn dasselbe Bestreben, welches die Waldenser bei ihrer neuen Bibelübersetzung beseelte, den Laien das Verständniss der heiligen Schrift nahe zu bringen, tritt auch deutlich im Lothringer Psalter hervor. Nicht so sehr auf eine wörtliche Übertragung des lat. Textes kommt es im Lothringer Psalter an, als hauptsächlich auf eine klare Darstellung der Gedanken, die sich als ihm ursprünglich eigen erkennen lässt, da sich dieselbe Tendenz im Reimpsalter wiederfindet; z. B. in Ps. 88, v. 36 hat V die schwer verständliche Stelle *juravi si David mentiar;* durch *si* soll das hebräische *im = wenn*, welches nach Ausdrücken der Beteuerung und des Schwurs aber so viel wie *wahrhaftig nicht* bedeutet, wiedergegeben werden; O überträgt wörtlich *jurai si je a David mentirai,* nur L und R geben den eigentlichen Sinn wieder: L *j'ai jureit, a David point ne mentirai* R *jurée ai ne li mentirai.*

Dass der Reimpsalter ausser der altfranzösischen Vorlage auch eine lateinische gehabt hat, beweisen die Stellen, wo er lateinische Worte direct überträgt, während L und O weiter abstehende Ausdrücke dafür haben; Beispiele hierfür sind Ps. 118, v. 83, wo R für *uter* von V *outres* setzt; Ps. 104, v. 32 und 33, wo R *lignum* und *locusta* von V in *leignes* und *locuste* überträgt, während L *broix, saterelle,* und O *fust, salterelle* haben; beweisend sind auch die Stellen wo R den lat. Text falsch auffasst, z. B. in Ps. 93, 23 liest R für *disperdet* von V wahrscheinlich *disperget* und übersetzt demgemäss *espandera,* L und O haben richtig *perderat* und *deperdra.*

Die hier und da vorkommenden Anklänge an das Psalterium Romanum und Psalterium Hebraicum, die sich in R, wie im Laufe der Arbeit angedeutet ist, finden, lassen vermuten, dass die lateinische Vorlage für den Reimpsalter einer von den Psaltern war, wo die drei lat. Versionen des heiligen Hieronymus neben einander standen.

Vita.

Fridericus Carolus Aiminius Burckhardt natus sum Hilperto-
husæ, in oppido Saxo-Meiningiæ trans saltum Thuringensem sito,
a. d. III. Kal. Dec. h 5. a. LXV. patre Julio, matre Carolina e
gente Teuschler, quam præmatura morte ereptam valde lugeo.
Fidem profiteor evangelicam.

Puerli doctrina institutus gymnasio Arnstadiensi in disciplinam
traditus sum, quod novem annis transactis maturitatis testimonio
ornatus egressus sum, ut Halis Saxonum studiis primum quidem
theologiæ atque veterum linguarum, deinde recentium præcipue
linguarum me dederem. Aestatem anni h. s. LXXXVI. Jenæ
commoratus Halas redii ibique ut seminarii et Romanici et Anglici
socius essem Suchier et Wagner permiserunt.

Audivi viros doctissimos atque illustrissimos Halis: Aue,
Beyschlag, Droysen, Dümmler, Elze, Erdmann, Ewald, Gosche,
Haym, Hiller, Jacobi, Keil, Köstlin, Riehm, Schlottmann, Sievers,
Stumpf, Suchier, Uphues, Vaihinger, Wagner; Jenæ: Kluge, Lieb-
mann, Liebenam, Lorenz, Pechuël-Lösche, Regel, Thurneysen.

Quibus omnibus viris, imprimis Hermanno Suchier, qui in hoc
opusculo efficiendo re ac consilio me adjuvit, gratias hoc loco agere
perquam magnas mihi liceat.

www.ingramcontent.com/pod-product-compliance
Lightning Source LLC
Chambersburg PA
CBHW031755090426
42739CB00008B/1024